JN408927

무엇으로
아름다워지련

무엇으로 아름다워지련

박일동 시집

도서출판 천우

| 시인의 말 |

독자가 없는 문학은 공허하고 문학이 없는 사회는 황량하다.

질풍으로 치닫는 시대 변화는 문학의 지반을 하루아침에 뒤흔들어 놓았다. 어제의 것들이 오늘 그 자리에 있지 않다. 바람에 헐리는 것들은 이내 흩어지고 만다. 우리는 너무나 많은 것을 한꺼번에 잃어버렸다.

우리가 직면한 환경 변화의 소용돌이 속에서 가장 크게 잃어버린 것이 있다면 그것은 독자를 잃은 것이다. 어느 문학작품이 아무리 훌륭하다 한들 독자가 없다면 무슨 소용이 있겠는가.

독자가 없는 문학은 공허하고 문학이 없는 사회는 황량할 뿐이다. 별도 설명을 붙이지 않더라도 당대의 사회상이 이를 여실히 말해주고 있는 것이다. 오늘의 세상살이에서 사람들의 이기 심리 팽배와 날로 메말라가는 정서 등이 그것이다. 문학을 잃은 사회는 삭막해진다는 사실을 우리는 눈앞의 사태 이후에야 깨닫게 되는 성싶다.

요즘처럼 시인이 괴로워한 때는 없을 것 같다. 글을 어떻게 써야 할지, 독자와는 어떻게 해야 만나게 될지, 고민하지 않을 수 없는 것이 오늘의 현실이다. 디지털 문명이 몰고 온 미디어 혁명은 어느새 사회를 다원화 시대로 바꾸어 놓았다. 어떠한 새로운 모색도 그만큼 간단치가 않다는 얘기다. 그러나 시인과 독자와의 벽을 뚫고 소통할 수 있는 나눔의 통로만 찾아낸다면 문제는 의외로 쉽게 풀리지 않을까.

문학은 지금 위기가 아니라 다만 기회인지도 모른다. 우리 앞에 이미 길은 열려 있다. 그래도 책은 책이라 여겨지기에 스스로 용기와 희망을 가져본다.

2007년 초여름

관악 벽산서실에서

1 무엇으로 아름다워지련

2 눈 나라(雪國)

3 별을 헨다

4 창밖에 부는 바람

5 금강에 백제의 물빛이

1

무엇으로 아름다워지련

일출(日出)

해 뜰 무렵
어둠이 채 가시기 전
아직
길은 보이지 않는다

어디로 갈까
우리는
가는 것이 아니라
쫓기는 것인지도 몰라

어디든 가야 한다
정지는 괴로운 것
가자
우리는 뛰어야 한다

저어기
해가 솟아오른다
앗! 순간이다
드디어 쨍한 햇살!
햇살을 향해 가자
또
시작인 것이다.

들꽃

들국화
한 떨기
길벗으로 피고

삶의 이야기
나눔이여
아름다운 꿈

청풍 스미어
그윽한
들꽃 향기

맑은 창
멀리 반짝이는
시의 날갯짓.

상처

부끄럽다고
들추어내지 못한
과거는 아니다

열려는 자
덮으려는 자의
싸움으로 너무나
긴 세월이 흘렀다

바람으로 흩어지는
기억의 시대

이젠
역사의 초석
바로 세우려나

나무 아닌
숲을 보자는데
누가 돌을 던지랴.

구치(驅馳)

좋든 싫든
가지 않으면
안 되는
오늘의 길

머뭇거리는
사이에
불황의 골만
깊어가고

우리 곁엔
앞만 보고
달려오는 자와

긴 휴면 끝에
다시 시작하는
자가 있다

오늘의 기상
흐리어도
태양은 다시
떠오른다.

도라산역

철마는 달리고 싶다
녹슨 철마의 잔해
절규는 너무 오래되었다

철의 장막 그대로인 채
금강산 관광 이어지고
개성공단 이루었네

도라산역은 더 못 가는
종착역이 아니라
시발역 되는 날 오리니

철마는 그날이 오면
평양행, 금강산행
시베리아행 맘껏 달리려나.

물

높은 산 휘이휘이
가쁜 숨 몰아쉬며 오르다가
공기의 소중함
새삼 느꼈더이다

공기만큼 소중한
물의 존재도
함께 깨달았더이다

팔당호숫가에
티끌 하나라도
버려서는 안 되겠다고
깊게 마음먹었더이다

물은 이제
물 쓰듯 쓰는 시대는 지났다고
더욱 깊이 반성했더이다.

가을

가을은 아름답다
내가 나를
뒤돌아볼 수 있어 아름답다

자신을
돌아볼 수 있는 마음이
사람을 사람답게 하고
아름다움을 깨닫게 한다

꽃과 나무, 산과 강을
그리고 하늘까지도
모두 아름다움으로 보게 하는 것
아, 가을인가.

은행잎

가을에 봄을 꿈꾼다
먼 산 트인 청명이
아지랑이로 어른거린다

선들바람 앞에 나래 펴는
수많은 나비들 노랑나비들
떼 지어 춤추고 대지에 눕는다

나무는 일 년 중
가장 아름다운 모습을 보여주고
그렇게 옷을 벗는다.

이향(離鄕)

항구에 갈매기가 없다
빈 배만 바람에 덜렁이는
어느 무명의 출어(出漁) 없는 항구
갈매기도 가고 날아들지 않는다

바다 밑도 육지와 같아
계곡과 언덕 있고
산호림(珊瑚林)에 수초 사이사이
물고기 천지이었는데

지금 물속은 흐리어 있다
육지에서 버린 쓰레기로 채워져 간다
물고기 떠나고 물새 떠나고
바다가 고향인 사람들도 떠나고.

불륜

불륜과 로맨스의 차이
바보상자는 바보처럼
그것을 흐려 놓을 뿐

어느 쪽이든
둘이 하나로
하나가 둘로의 이중성

언제나
이기 사회의 독선이
착각을 불러온다지.

일지매(一枝梅)

그대에게 이 꽃을 보내드립니다
백 송이의 장미보다
'한 가지의 매화' 를 택했습니다

허구많은 꽃 가운데
매화를 골라잡은 것은
짙은 색깔의 고움보다
은은한 향기에 끌려서입니다

봄을 기다리는 간절한 마음
생명의 꽃망울 매화에 담아
한 해를 준비하는 마음으로
아름다운 그대에게 보내드리고 싶었습니다

봄은 일 년 중의 시작이고
아침과 같은 신선함이지요
늘 처음처럼이고저 하는 까닭에서입니다
그대에게 매화 한 가지를 보내드립니다.

무엇으로 아름다워지련

시를 읽는 여인은 아름답다
미처 몰랐던 삶의 이야기들
환하게 꽃잎 되어 흩날리고
피어오르는 문학 향기일래
오래이게 가슴 뿌듯한 여운

마른 가슴 적시는 풋풋한 꿈
더 자유로운 마음을 찾아
길을 떠나는 나그네 된다면
방긋 벙그는 매화꽃처럼
향기 나는 삶 다 함께 누리려니

시를 쓰는 여인은 아름답다
사람 살아가는 실재와 깨달음
구절구절 언어를 절제하고
속으로 흐르는 리듬을 고르며
고운 마음씨 담아내는 서정.

시인

세상은 그에게 위안을 기대한다
그의 시에서 구원을 읽기 까닭이다
시를 읽는 순간순간 힘을 얻는다

그가 시를 쓰는 시간은
기도하는 자세이리라
기도는 우리가 알고 있는
마지막 위안의 몸짓이기 까닭이다

구원의 시는
삶이 고단한 이에게
위안의 음악이고
기와 힘을 주는 깃발이다.

입동(立冬)

은행잎은 모두
노랑나비가 된다

나비는
바람에 흔들리다가
바람을 타고 춤춘다

그들의 군무(群舞)
소슬바람에도
겨울 소나타인 양
쓸쓸하지 않다

대지가
노랑색 깔고 누우면
우리는 낙엽 위에
추억을 밟는다.

홍매화

눈발 사이
겨울 끝 자락
꽃샘바람 차다

서편제 가락
추억 아련한
남도 길

홍매화 가지
가지 끝에
꽃잎 붉고

언뜻 봄 냄새
이 가슴에
살며시 스민다.

끝과 시작

어이 끝없는가
끝이 없으면
시작도 없으리

지난가을
받아두었던
일년초 꽃씨

씨를 받을 때는
씨가 생명의
종말이더니

봄바람 불어
씨 뿌릴 때 되니
종말이 시작이 되네.

거품

참을 가로막는 헛것으로
덥히어질까봐 긴장한다

과열하면 거품은 팽창하고
위기 국면으로 치닫기에
모두 불안해한다

언젠가는 터지게 될 운명
거품 꺼지는 충격의 바람
나의 소중한 것들이
바람에 휩쓸려 가리니

불황이 길어지면
– 잃어버린 10년의 세월 –
남의 이야기만은 아닐 수도

거품은 아무도 모르는 사이
우리 곁에 다가와 있는지도.

끈

— 성묘 길에

한가위로 가는 길은
꼬리에 꼬리를 물고
끝이 없다
길은 거대한 주차장
마음이 먼저
고향에 가 있다

도회살이 형편도
전에 같지 않다는데
선물은 무슨
그냥 오너라
밥 한 끼
같이 먹으면 되지-
길 떠나기 전
어머님 말씀이었지만
그래도 어디 그런가요

연중 하루만이라도
부모님과 조상을
돌아보려는 정성
길보다
더 긴 장강(長江)으로 흘러

어제 오늘 내일을 잇는
우리 모두의 힘줄
짱짱한 끈이 된다.

묵향(墨香)

하얀 화선지 위에
매란국죽(梅蘭菊竹)

한국적인 선과 점이
아름답구나

먹의 빛깔은
하나가 아니다

천년을 두어도
변하지 않는
천의 얼굴

하얀 화선지 위에 찍은
마음 한 점,
하늘 멀리
별을 보는 창을 연다.

2

눈 나라(雪國)

이국(異國)

아키타 오지 '다자와' 산장
해뜰 녘 새소리 까마귀 소리
잠 깨운 숲 속 다다미방
까마귀 소리에 생각난 일본 문화

일인들 까마귀를 길조라지만
그 소리 탁해 듣기 좋으랴
한국의 상징 까치와 비교되네
까치 소리 얼마나 맑음인가

일본 어디에나 주택의 벽들은
거의가 검은색을 칠했네
우리의 문화는 옛부터
흰색과 밝음 아니던가.

뿌리

천년 세월 그 아득한 옛날
우리 조상들이 건너가 살던
자취 남아 있는 섬나라 일본 땅
백제천, 백제교, 백제역, 백제촌
그때 이름 그대로 남아 있고
그 밖에도 고구려를 가리키는
고려거리, 고려교, 고려정(町)

바다 건너온 우리의 선진 문화
새롭게 받아들인 그들
백제를 이름도 달리 '구다라' 라 부르고
고구려를 고려란 뜻으로 '고마' 라 했다

그곳엔 백제왕 신사, 신라 신사가
세워져 있어 그 조상을 기리는
제사가 이어져오고, 언제부터인가는
단군 신사도 세워져 일본에 끌려간
도공(陶工) 후예들의 제사 터가 되고 있다

한국 혼이 깃든 도자기를 빚는다는 심수관*은
15대가 되도록 4백여 년의 세월을 버텨
민족 정체성을 잃지 않겠다는 각오 하나로

매일 단군 신사에 가서 조국을 향해
절 하고 묵념 후 일과를 시작한단다.

* 심수관(沈壽官) : 400여 년 전 일본에 끌려간 도공 심당길(沈當吉)의 제 15대 후손.

한류*

일본 여성들의 마음을
온통 사로잡은 '욘사마' 광풍
드라마 '겨울 연가'의 긴 여운
열광은 좀체 식을 줄을 모른다

바람은 동남아 각국 휩쓸며
중국 대륙 깊은 데까지 들어가
'메이드 인 코리아' 위상 높이고
한국 남자들을 멋쟁이로 꼽는다지

우리네 문화 가는 곳곳
뜨겁게 부상하는 IT 코리아

열풍은 시베리아도 밀고 들어가
우리의 전자 제품 일본을 누르고
'러시아 국민 브랜드' 1위로
6년째 뽑히어 인기 절정이라네.

* 한류(韓流) : 한국 대중문화의 열풍이 일기 시작할 무렵(2000년) 중국 언론이 붙인 신조어.

일본은 없다

누가 일본은 없다 하였는가
우리가 발전 모델로 삼아야 할
잘사는 이웃으로만 알았는데 그 후
실망하고 돌아서서 한 말이 아닐는지

경제 대국에 사는 백성이라고
모두 행복하게 잘사는 것은 아닌가 보다
높은 물가와 높은 공공요금을 감당해야 하는
생활은 왠지 바쁘고 가파르기만 하다

문명이 최고에 달한 사회에서는
모두 한 깃발 아래 줄을 서고
가는 곳마다 버튼을 눌러
마음을 대신해야 한다

거리거리마다 '히라가나' 붓으로 쓴 간판
넘치는 멋과 낭만의 표상이었는데
이제는 컴퓨터가 찍어낸 같은 꼴의
문자만 보이는 거리인 것을
그들이 보는 내 모습마저 왠지
쓸쓸해 보일 것만 같아 싫다.

눈 나라(雪國)

– 국경이 있는 긴 터널을 빠져나오면
거기가 바로 눈 나라였다 –
노벨상을 탄 가와바타 야스나리의 소설
『설국』의 첫 구절이 연상되는 고산 숲길

겨우내 '눈축제' 로 야단법석이던
홋카이도 '오오도리공원' 도 푸른 잎들이
미풍 비낀 더운 바람에 흔들리던 즈음

소설 『설국』의 무대로 알려진
아오모리의 핫코타산(八甲田山)에는
계절이 바뀌어도 쌓인 눈이 그대로였네

작중 인물 '시마무라' 가 묵었다는 온천장
눈보라가 밤새도록 몰아치고
꿩이며 산토끼가 눈을 피해 내려왔다는
그곳은 여기 어디쯤일까
저무는 오이라세 계곡엔 적막 삼키는
물소리 바람 소리
잔설 녹아 흐르는 물에 여심(旅心)을 씻는다.

겨울 소나타

일본에 건너간 한국 드라마 '겨울 연가'
이국 여성의 가슴을 단박에 뒤흔들어 놓았지

눈부신 시설에 물품이 넘쳐나도 마음 가난한
매뉴얼과 자동판매기에 매여서 사는 사회

진실한 사랑은 영원히 지워지지 않는 추억
인정 훈훈한 장면 장면에 그리운 옛날이여

이웃이 전하는 감동이 현실처럼 다가와
이 겨울에도 춥지 않은 따뜻한 나라 있구나

아낙네의 가슴 속속들이 파고든 '욘사마'*
'한류' 열풍 가신들 그만은 잊지 못하리니.

* 욘사마 : 드라마 '겨울 연가'의 주인공 배용준에 대해 일본인들이 붙여 준 그의 애칭.

최고미(最高美)

세상에서 가장
아름다운 것은 무엇일까를
궁리하던 한 시인이
긴 여행길에 나섰다

시인은 어느 산사에 들어가
가장 아름다운 것이 무엇일까를
깨달음 구할 때까지 묵상하며
여러 날 수행했으나 신통치 않아
계속 헤매고 다녔으나 허사였다

지친 심신을 이끌고 귀가하던 날
반가이 맞아주는 아이들과 아내
그 맑은 표정 속 함박웃음
아, 째지는 그들의 표정 그것!
그토록 찾던 것은
먼 곳에 있지 않았다
세상에서 가장 아름다운 것
여기 바로 가족의 모습인 것을.

칡넝쿨론(論)

하이쿠는 일본 땅에 뿌리내리고
이어져온 독특한 시의 형식
짧고 간결함은
일본인의 기질을 말해주는 것이기도

문학 평론가 이어령은
'축소 지향의 일본인' 이라 했지만
섬나라 안에서의 한정된 공간임에
작게 작게 움츠릴 줄 아는 그들
밖으로 나와서는
칡넝쿨이 되어 마구 뻗어 나가기도

칡넝쿨은
이웃 나무들과 상생하지 못하고
자꾸만 휘감고 뻗어 나가려는 방종
우리가 몇 차례나 당한 역사이기도.

아키타(秋田)*를 지나며

지난해 여름
아키타에 갔다가
다자와 산장에
머물렀네

산 숲 헤치고
기어드는 미풍
온몸 근질근질한
다다미 촉감

다자와 호수에
떠서 누운 양
호기로 흔들리던
지난 이야기

이국의 밤
야릇한 여정(旅情)
벚꽃도 사쿠라도
함께 피던 것을.

* 아키타 : 일본 혼슈 지방 북부에 있는 지명.

아리랑

함께 살아갈 땅
떠나는 자의 눈물
풍운의 세월 이기고

고개고개 굽이마다
시련 딛고 넘어온
아련한 슬기의 자취

이젠 우리의 문화
해외 어딜 가나
뜨거운 한류 열풍.

역사

오늘이 힘들고
위기일지라도 오히려
그것이
기회일 수 있느니

우리는
보릿고개를
체험적 자산으로
갖고 있고

미끄러운 쇠젓가락으로
콩자반과 묵을
집어먹을 수 있는
손재주를 타고났다

오늘이
힘들고 어려울지라도
우리가 면면히 살아온
슬기와 기백
역사는 언제나
오늘의 명경(明鏡)이데.

나목(裸木)

나의 이름을 불러주던 사람들은 오지 않는다
나의 얼굴을 기억해주던 사람들은 오지 않는다

그들이 나의 아름다웠던 시절만을 기억하고 있을 때
나는 어쩔 수 없는 기다림만을 안고 살아가야 한다

이제 모든 겉치레를 훨훨 벗어던졌다
눈보라 치는 계곡에서 안으로 나이테를 다진다

하늘 흐린 날 꽁꽁 얼어붙은 한파 속에서도
작은 잎눈으로 살아 숨 쉬며 내일을 기다린다

지금 긴긴 밤을 견디지 않고는 아침은 오지 않는다
차가운 겨울을 지나지 않으면 봄날은 오지 않는다.

세대(世代)

지하철은 좌석에 앉아 가는 사람과
서서 가는 사람으로 반반이다가
선 사람이 훨씬 많은 날도 있다

도중 역에서 몸이 불편한 노약자가 탔을 때
일어나 자리를 양보하는 것은 대개
젊은 세대가 아니라 나이 많은 고령 세대이다

또한 어느 날 지하철 안에서
애완견의 배설물을 치우지 않고 내린
어느 20대 여성에 대해 배설물을 치우지 않은
비난의 소리가 쏟아져 나왔지만 그 소리는 작고
인터넷 사이트에 올린 그녀의 사진에
모자이크 안 됐다는 비판의 소리만
크게 부상한 이유는 무엇일까

결국 문제의 배설물을 치운
어느 할아버지의 이야기는 뉴스에도 빠져 있었다.

불감증

어제 오늘의 일은 아니다
고질화된 시험 부정

장소도 학교에서 수능 고사장으로
바뀌었을 뿐
문자메시지로 답을 주고받는
디지털 커닝 시대도 새로운 것은 아니었다

이미 잘못은 저질러지고 있었지만
아무도 잘못을 걱정하는 사람은 없었다.

어시장

작열하는 백열등 아래
경매사와 상인들이 어우러져
큰 목청으로 새벽을 연다

활어들도 놀란 듯 꿈틀대며
흰 살을 드러내 보인다

왁자지껄한 소란 속에서도
넘쳐흐르는 삶의 열기는
정녕
물씬 넘치는 사람 냄새이구나.

물은 물이다

십 년 전을 보고
십 년 후를 볼 일이다

그때 안양천
도림천 고가 다리 밑
물고기 하나 없고
물은 물이 아니었다

라인강 가본 다음
천변 콘크리트 헐어내고
갈대, 물봉숭아
심어 가꾸어 놓으니

이제 물고기가
생명을 몰고 오는
그것 그냥 그대로
물은 물이다.

잔해

그 섬에
들어가 살던 사람들
하나 둘씩 떠나고
모두 떠나고
인근 섬마저 비어
초등학교 분교도 비어 있다

짐승들은 흔적을 남기잖는데
사람들은 흔적을 남긴다

아이들이 놀던 운동장은
숲이 되고 산이 되어 있었다
철봉과 미끄럼틀은 삭고 녹아
잔해로 남고
물소리 바람 소리
세월 속으로 잦아드는 동안
섬은 바다에 묻혀가고 있었다.

아무 것도 아닌 것

서로 닮거나 비슷하여도
식별이 어려운 것은 아니다

잠시만 훑어보아도
있을 게 없는 것과 없을 게 있는 것
다른 점이 곧 드러난다

알맹이가 없으면 작은 이야기라도
숨어 있어야 할 터인 것을

그것도 저것도 아니라면
모양새라도 그럴싸하거나
풍경 이룬 그림이라도
거기 그려져 있어야 하지 않았을까.

추락

입동 때 피인 철쭉에게
어찌 꽃의 지각을 탓하랴

IMF의 한파는 해를 거듭해도
처음 예상보다는 끝이 안 보인다

한강의 기적을 이룬 지반이 흔들리는가
조이고 풀리지 않는 문제, 문제들

극과 극의 얽히고설킴이 뜨거운 감자로
우리의 발등에 달아오를 때서야
한가운데를 버텨 주던 대들보가
어이없게 내려앉았음을 알았다

허리 곧추세우는 일 늦지 않았으리
우리는 스스로의 힘을 믿는다
보아라! 십 년 불황을 끝내고
다시 시작하는 이웃도 있지 않는가.

3

별을 헨다

십승지지(十勝之地)

'십승지지' 어디인가
근심 걱정도 질병이나 전쟁도 없는
영원히 평화스러운 땅이
그 안에 있는 것으로
정감록(鄭鑑錄)은 예언하고 있었다

사서삼경(四書三經)을 통달하여
한학이 높으셨던 아버지는
난해하기 짝이 없는 정감록을 풀어
난세의 길잡이로 삼고 믿으셨다

당시 일제가 세계대전을 일으켜
시국이 극도로 흉흉하던 무렵
아버지는 온 가족을 이끌고
계룡산 기슭
공주 땅으로 이주하셨던 이유를
나는 철부지 소년기를 넘기고 나서야
조금씩 알 것 같았다

정녕 '십승지지'는 있는 것일까
세기가 바뀌고 세대가 바뀌인
현재는 더더욱 막연하기만 한 것이었다

그렇지만 내가 타향에 살면서도
고향을 잃지 않고 있는 것은
그토록 아버지가 꿈꾸어 오신
'십승지지' 가 잊혀지지 않기 때문이다.

길 · 8

어떻게 살 것인가
산다는 것
삶의 대도는
열려 있어도
그것 깨우치지 못하면
감감 속이고

길은
내가 아는 만큼밖에
보이지 않더라.

길 · 9

벽암록(碧巖錄)에, 한 선객이
노사(老師)에게 묻다
도(道)는 어디에 있는가고

도는 바로 눈앞에 있느니라
안 보이는 까닭을 물으니
너에게 '나' 가 있기 때문이라
여기에서 '나' 란 무엇인가

되물었다
저에게 '나' 가 있기에
보지 못한다면 스님께서는 보십니까
네가 있고 내가 있으니 더욱 보지 못한다

저도 없고 스님도 없다면
어찌 볼 수 있겠습니까
너도 없고 나도 없는데
누가 본단 말이냐.

길 · 10

행복의 길
어디에 있는가
묻지를 마라

지금껏 행복을 위해
꼭 필요하다고 여긴 것들부터
먼저 버릴 일이다

몸과 마음이 하나로
자유를 얻으면
그것 미풍 스미듯
어느새 내 안에 와 있는 것을.

길 · 11

책 속에 길이 있단다
씨알이 먹힐 소리인가
걷잡지 못할 디지털 영상 시대

영상 문화도 제아무리
문자 문화 없이 기초할 것인가
그래, 책은 영영 길게 가리니

다시 생각해 보려마
인간은 책을 만들고
책은 인간을 만든다.

길 · 12

눈에 보이진 않아도
내 분명 그것이
언제부터인가 한없이
밀려가고 밀려오고 있었습니다

그것이
바람이었던가 봅니다
미미하던 바람이
그렇게 셀 줄은 몰랐습니다

바람은 홍수를 몰고 왔습니다
탁류 속에서 우리가
잃은 것은 너무나 많았습니다
가장 크게 잃은 것은
독자를 잃은 것입니다

탁류 맑아지면
가던 길은 아니어도
어느 길이든 열릴 것이거늘
독자 찾는 길
잃어버린 고향을 찾는
바로 당신입니다.

푸슈킨의 나라

푸슈킨의 나라 러시아는
어느 도시를 가나 그의 동상이 서 있어
그가 살아 있는 나라였다

올여름 유난히 더워
피서 겸 취재차(取材次)
시베리아엘 갔다가
시베리아 횡단 열차도 타 보고
바이칼 호수도 둘러보았다

시베리아의 파리로 알려진 이르쿠츠크
거리의 엇갈린 기대
시민의 얼굴 하나하나가
왜 저리도 어둡고 침울한 것일까
고단한 삶의 무게가 실린 피곤과 침울함
그들의 표정에서 불황을 읽을 수가 있다

아, 푸슈킨의 나라 푸슈킨은 살아 있다
그는 힘과 기를 시에 담아 외치지 않았던가
'삶이 그대를 속일지라도
슬퍼하거나 노하지 말라' 고

삶/이, 그/대/를, 속/일/지/라/도.

바이칼 호의 꿈

수평선 아득한 호수는 바다라는 게 옳았다
수면의 넓이보다는 1,697미터의 수심
투명도(透明度) 40미터의 광천수라네

바이칼 호수를 와 보기 전에는
시베리아의 울창한 숲에 둘러싸여
대낮에도 곰과 노루가 나려와 물을 마시고 가는
인적 드문 곳이라 생각했건마는

세계적으로 깨끗하다는 호수 물
한 그릇 퍼마시고 기념으로 떠온 물 한 병
서재에 오래 두고 보아도 맑은 물 불변인 것을

서른여섯 개의 강이 흘러들어 오고
앙가라 강 하나가 흘러 나가는 거대한 호반(湖畔)
물 더럽히지 않는 주변, 자연의 숲 이루고
'지구상의 맑은 물' 영원히 그대로였으면.

별을 헨다

조국이 있어도
돌아가지 못하고

사할린의 하늘
별을 헨다

기다림과 체념
속으로 삭이고

잃어버린 세월
고향 잃은 사람들

못 잊어 못 잊어
밤마다 별을 헨다.

유정(有情)

시베리아 바이칼 호에 가면
춘원 이광수의 소설 『유정』의 추억
그 무대가 됐던 '바이칼촌' 을 찾는다

등장인물 최석과 남정임, 순백의 사랑
오직 '사랑을 위하여' 만의 이야기
70년의 긴긴 세월이 흘렀는데도
애잔한 그 여운 아직껏
바이칼 호 물안개로 남아 있고

춘원은 가고 없지만
작가가 겪은 실화라는 설도 끊이지 않아
그의 자취를 확인하는 심사
머나먼 이국땅의 유정이었네.

사할린 아리랑

해방이 되었다지만
장막에 가려진 세월
고려인으로 남아
가도 오도 못하고

잃어버린 세월
한 많은 가슴
그리움으로 남아
풀뿌리로 돋아난
사할린 아리랑

끝내 기다리다가
체념하고도 못 잊는
고향 땅 그리워
아리랑 아리랑
아리 아리 아리랑.

오월의 화두

도(道), 그것
길을 묻기 전에
깨달음
깨달음 있다면
나 자신을 뒤돌아보는 것이다

나는 누구인가
내가
나를 볼 수 있을까

산다는 것
행복은 어디에 있는가

사람
사람으로부터 행복이 오고
사람 사는 근원으로부터
행복을 찾으라 했는데.

독섬*

벼랑 끝에 걸린 파도는
유리 조각처럼 부서져 내리고
살을 에는 칼바람이
바다를 몽땅 삼켜버릴 듯한 밤에도
해 뜨는 아침이면 독섬은 끄떡 않고
의연한 돌섬으로
어제의 그 자리에 서 있다

독도를 어느 누가
'다케시마' 라 하였던가
귀 기울이고 싶잖은 억지 주장
그것은 정녕 그들만의 착각이겠지
독도는 수 수천 년
우리 땅으로 동해 바다 지키며
거기 돌섬으로 우뚝 서 있던 것을

독도는 때때로 불어오는
미친바람도 흘려보내고
비바람 불어오고
눈보라 쳐도 끄떡 않는 독섬으로
제일 먼저 일출(日出) 맞는
그 자리에 조용히 서 있다.

* 독섬 : 독도 이전의 이름, 돌섬이란 뜻으로 인접 지역 어부들의 입으로부터 전파된 데서 유래.

휴대폰

손안에 쥔 오만이
자신을
돌아볼 수 없게 한 걸
까맣게 모르고 있었다

얻은 것과 잃은 것
그마저 구분 못 하고
자신을 에워싼
숲인들 보았겠는가

사람의 눈길 머무는
거기 나무와 꽃
바람에 움직이는
나뭇잎의 소리와 정적
진정 그것을
잊고 있었다면
뭔갈 크게
잃어버린 것 아니더냐.

상처는 남는다

장맛비
억수로 쏟아지던 날
청록의 산허리가
움푹 잘려 나가고
토사가 거대한 몸짓으로
계곡을 휩쓸었다

도로가 끊기고
뿌리 뽑힌 수목의 잔해가
어지러이 걸려 있다

소 옮겨 매러 나갔던 아들
비 개인 며칠이 되어도
영영 돌아오지 않고
어매는 아들 핸드폰 잡고
아들 이름 자꾸 불러 보지만
아무 대답이 없다.

망(網)

선창에 줄줄이 매인 선박들은
빈 배로 떠서 가지도 오지도 않는다

어촌은 여름 한나절에도 졸고 있고
널려 있는 그물 하나 보이지 않는다

녹물로 얼룩진 부두는 악취만 풍기고
탁류 출렁이는 바닷물 속은 고기가 없다

쉬운 방법으로 마구 벌인 그물과 어구들
물속에서 대책 없이 썩어가고 있다

썩는 그물은 이제 어부들의 삶을 죄어 오는가
부메랑으로 되돌아오는 흉측한 망일세라.

돌섬에 바람 불어도

독도는 독섬 돌섬의 뜻
다케시마란 헛소리
그들만의 착각이려니

시마네현에 일장기 줄 서던 날
울릉도에서는 태극기가
성난 파도 되어 물결쳤다

건 듯 불어오는
미친바람에
동해 바다가 출렁인다

제아무리 거센
풍랑 몰아쳐 올지라도
석상(石像) 의연한 우리의 섬.

열대야

집 걱정은 없다
풀밭에서
아침을 맞는다.

시대

구텐베르크도 자신의 활자 발명이
오랜 세월 21세기에 이르기까지
인류 사회의 백대 사건 중 1위를
계속 차지할 줄은 몰랐을 것이다

문자에서 영상에로의 거센 물결
몇몇 세기를 다져온 문학의 지반
여지없이 뒤흔들리고 무너지고
삶의 틀마저 바뀌어가고 있다

멀티미디어 몸통에 날개 달고
시공(時空) 거침없는 초고속의 세상
이러다간 불과 반세기의 미래도
어떻게 변할는지 누구라 예측할까.

4

창밖에 부는 바람

창밖에 부는 바람

저 바람
어디서 불어오는 것일까
창밖은 뭔가가 자꾸만
밀려가고 밀려오고 있었다

홍수가 갈잎을 쓸어내는 동안
숲 사이 경계들이
바람에 흔들리고

오랜 세월
자리 뜨지 않고
깜빡이던 '동방의 등불'
타고르*의 심지에 불 당기었나

부침하는 소용돌이 속
지금
한가운데로 떠오른
한류
잔잔한 물결은 멀리
오래도록 무늬 지어간다.

* 타고르 : 동양인으로서는 최초의 노벨문학상 수상 시인.

성(城)

손바닥으로 하늘을 가리려는가
하늘과 땅의 푸르름 창창하여
멀리멀리 숲을 이루고도 남으리니

준령 스치는 산바람에 억새 풀잎 눕고
무너진 옛 성 너머로 아직은
저리도 말발굽 소리 쟁쟁하구나

지도의 색깔을 바꾸고 지우고
너른 땅 대지에 안개 자욱하여
사람들, 길을 묻기 전 잠든 숲을 깨우리니

세계의 인식, 코리아의 흔적과 뿌리
바람, 바람 불어도 흔들리지 않는
우리의 소나무 숲, 길이 청청하리라.

오랜 인연

바이칼 호 부근 지역의 원주민 부리야트족
그들을 처음 보았을 때는
우리의 자화상을 본 듯 놀라 멈칫했다

우리와 닮은꼴이 너무나 많다
인당수 전설, 나무꾼과 선녀의 설화가 있고
솟대와 신목, 성황당 등의 풍습이 그렇다
몽고반점과 유전자가 매우 가까운 점 등

여기에선 동명왕을 코리(khri)족 출신의
고구려칸(khan)이라 부르는 것이었다
코리족은 부리야트족과 결별,
동으로 이동하여
북부여족이었다가 고구려족의 뿌리로
한반도에 정착한 한민족인 것을

우리는 누구인가
부리야트족의 정신적 지주인 샤머니즘도
우리네의 토속 신앙과 닮았고
우리의 단군 신화도 그들의 신화와
어쩌면 그리도 흡사할까.

서울 부엉이

깊은 산중에서나 볼 수 있는 솔부엉이를
서울 한복판 도심에서 보았다면 누가 믿겠는가

그러나 그뿐 아니라 박새가 숲 속을 날고
다람쥐가 굴참나무를 오르내리고 있었다
붉은가슴새매가 둥지를 틀고
청딱따구리가 알을 품고 있는 가운데
까투리가 어린 새끼들을 몰고 다녔다
꿩 새끼들은 청설모에 쫓기어 날뛰었고
붉은가슴새매는 막 깨어난 새끼를
잠시 둥지 비운 사이 얼치새의 기습을 받는다

창덕궁 후원이 이십여 년 동안 오랜 세월
문 굳게 못 박아둔 사이 동물의 천국이 되었구나
숨겨진 숲의 비밀이 문명의 기계 앞에 노출된 순간들

해묵은 연못엔 가재와 버들치가 서식하고
이따금 원앙새와 물총새가 넘나들며
밤이면 너구리와 족제비가 나오고
솔부엉이와 소쩍새의 세상이 된다
자연은 이렇게 제멋대로 놔두는 것이
자연을 위한 상책인 것을.

노숙자

밤마다 두더지 같은 삶
지하도의 콘크리트 바닥이 차다

시린 몸을 녹일
방이 어디 있겠는가
문은 닫혀 있다
들어갈 만한 문은 모두 닫혀 있다

길 없는 길 꿈속에서도
출구 밖을 나서면
오가는 건각(健脚)들이 바쁘고
휘황찬란한 불빛이 눈부시다

찢겨 조각난 기억에도
집이 있고
기다려 주는 사람이 있다면
그것 더없는 행복이련만.

탈우울증

저 맑고
푸른 하늘에
코스모스 한들한들

먼 산 하염없이
바라보고만 있는
여인아

까닭 없이
가슴 허허롭고
매사 시들하게
느껴지거든

이 가을 가기 전에
친구 만나
더 많이 수다 떨고
더 많이 웃을 일이다.

시인 통신

독자는 멀리 달아나 있다
오늘의 독자는 어제의
그 자리에 머물러 있지 않다

「상선암 가는 길」을 쓴 이시환 시인은
시인조차 남의 시를 읽지 않는
세상을 개탄하였고

고향 친구 조재훈 시인의 시집
『저문 날 빈들의 노래』를 다시 읽다가
전화로 그 감흥을 말했더니
'그게 다 뭣 하는 것들이지?'

되묻는 뜻 무엇인가
대학에서 평생을 시문학만 가르쳐온
그가 무슨 답을 듣고자 한 말일까
나는 공허함을 웃음으로 넘겼다.

아, 옛날처럼

불과 반세기쯤 옛날에는
이혼, 자살 따위 누가 말하면
멀리 딴 나라 얘기로만 알았었는데

하루 500쌍 정도가 이혼한다는 통계
열 쌍 가운데 한 쌍은 헤어진다는 현실

스스로 목숨 끊는 일도
노인 자살이 OECD 1위
이마저 세계적, 일본의 두 배란다

하루가 다르게 변화하는 시대
꿈의 문명 모두 이루고
민주화까지 이룬 세상인데
행복에의 기대 정녕 어긋남인가.

시대적(時代的)

토막토막의 연월(年月)이
모여서 강으로 흐르고
강은 바다로 간다

강은 흐르는 굽이마다
새로운 문화로 머뭇거리고
준비한 자의 역사로 치닫는다.

친구여 벗이여

밖은 우중충 흐려 있고
어느새 찬바람이 불어오고 있네
금방 함박눈이라도 펑펑 내릴 것 같군

이런 날 집에서 밤이나 구어 먹을까 하니
공주 땅 왕촌 계곡에 새집 짓고 이주한
친구가 생각나는군

친구여
지난가을, 뒷산에 심어 놓은 밤나무에서
수확한 거라며 보내준 알밤 아껴 먹고
김치냉장고에 저장해 놓은 것 아직 남았다네

친구여 요즘 어떻게 지내는가
심심할 것 같아 일독할 잡지 몇 권 보내네
건강 제일 일삼느라 술 담배마저 끊고
사는 맛 덤덤하니 허허로운 세월인 것을
뜨한 겨울 들어앉아 책을 벗삼아
미지의 세상에 잠겨볼 양으로
산사의 어느 스님이 안거하느라 그러하듯
이 겨울 책 펴 놓고 가만 지냄이 어떨까.

뜨거운 감자

서울 떠난 친구
강원도 어느 산간에 들어가
농사를 짓다가 왔다 하네

복잡한 도시 생활보다
청정한 환경 농촌 생활에
맑은 얼굴하고 온 줄 알았더니

삼 년 노력 끝에 첫 수확할 판에
멧돼지 습격으로 반타작 당했으니
대책, 어쩌면 좋겠냐는 거다
대책 없긴 나도 마찬가지.

부활의 문

시민의 빨래터가
가난한 판자촌으로 바뀐 이후
이름만 맑은 계곡이지
어두운 거대 하수구에 지나지 않았다

콘크리트 더미 걷어내고
물길 돌리니
청계천이 돌아오고
생명이 흐르는 것을

되찾은 광통교와 수표교 아래
물고기 떼 노닐어도
물속 일렁이는 수초가 없다
간간 백로 날아와 뭔갈 기웃거린다.

지천태(地天泰)*

하늘을 봐야
별을 딴다지만
별은 땅에서 만날 수 있단다

여성상위(女性上位) 시대라
고개 숙인 남자 많아졌다네

믿지지 않으려는 갈등은
또 하나 갈등을 더하고
아무리 다퉈 봤자
진정한 승자는 없다는데
남자 기죽이고
무슨 소용이 있나

여자가 결혼하면
남자의
자존심 먹고 사는 거라데.

* 지천태(地天泰) : 여성이 남성 위로 오르는 육체적 행위를 뜻함. 중국으로부터 유입된 단어.

시집

시는 시다워야지
시답잖으면 시시한 거 아니던가
시집(詩集)도 역시 시집다워야 시집이지
어찌하여 책 규격 제멋대로이고
하드커버나 본문 실은 종이도
두터워지고 뻣뻣해 정감이 가지 않는다

시집은 원래 갸름한 포켓북 모양
가지고 다니며 읽기에 편하고
낭창낭창 부드럽게 넘어가는 갈피
한손에 집히는 대로 넘겨보기 좋았던 것을

새로이 시집을 접할 때면 세 번 감동한다
먼저 산뜻한 표지에 끌리고 그 다음은
의미 있게 배열된 문자의 시각적 매력
가슴으로 전하는 시문(詩文)에의 감응
곧 쾌미감(快美感)에 매료되는 것 아니던가.

몰려오고 있는 그들

지하철 신도림역은 항시
사람들로 넘쳐나고 붐빈다
각각의 출입구를 향해 교차하는
그들은 남성보다 여성이 더 많다

어느 백화점을 가든 그곳에는
훨씬 많은 여성들로 성시를 이룬다
식당에서나 무슨 모임이 있는
공공 회관에서나 여성들은 그렇게
그렇게 세를 과시하고 있다

국회에서 호주제가 폐지된 후
그들의 목소리가 더 커진 것은 아닐는지
직장에서도 남성들은 하나하나
그들에게 밀려나고 있는 것이었다
이제 여기 그들이 몰려오고 있다.

미루나무

마을 마을마다
살구꽃 피고 지고

동구 밖
미루나무 행렬
간데없네

사라진 것들의
아련한 추억

어디나 도시화
고향 잃은 사람들

심지로 남은
아리랑 여운
내가 나를 찾네.

모래성

쌓아도 쌓아도
무너지는 것은
모래성입니다

무너진 모래성
아무도
책임지려 하지 않는 것은
우리 모두의 책임입니다.

살구꽃 마을

보리밭 길
먼 아지랑이
사월은
다시 오고

살구꽃
피고 지는
저 바람 속
사라진 것들

그리운 세월
이제 내가
나를 찾는
고향 메아리

마을 마을마다
노을 하늘
번지는
분홍빛 꽃물.

웰빙 시대

오늘의 삶은 너무나도
국제유가(國際油價)와 밀착되어 있다

하늘 높은 줄 모르고 최고가를 갱신
연일 연일 고공행진(高空行進)을 한다

허공만 쳐다봐야 하는 속수무책
차를 세워 놓고 자전거를 타야 할까

자전거야말로 웰빙 시대에 맞는
무공해 이기가 아닐까 뱃속 편한 친구야.

산불

새까맣게 타버린
산은
청솔가지
하나
남아 있지 않다
침묵하는 바다만큼이나
흔들리는 차창이 우울하다

누구인가
한 사람
작은 실수가
삼척 땅에서
큰일을 내고야 말았구나

오십 년도
더 넘게
기다려야 한단다
산과
바다의 만남
얼마나 아름다운가
그림 같은 풍광이
종이쪽처럼 찢기어 있다.

5

금강에 백제의 물빛이

김유정의 동백꽃

김유정의 소설 『동백꽃』에
향기 알싸한 노랑 동백꽃

빨강 꽃, 노랑 꽃
이름 같고 나무 다르다

가을에 익은 열매 따다가
머릿기름 짜던 생강나무

한국 어머니의 어머니들이
애용하던 동백기름.

행복과 실존 사이

누구나가 말할 수 있지
행복은 어디에 있나
그게 이거라고
정답을 말하는 사람은 많지만
그 어떤 미래의 목표는
아니란 것을

법정 스님은
어느 고승의 말을 빌리어
숨 쉬며
존재하는
그것이 행복이라 했고

틱낫한 스님은
더 이상 내가 떠나온
베트남은 존재하지 않는다며
내가 서 있는 이 시간이
바로 행복이라 했다

정도(正道) 빗겨 가다 가다
헷갈린 길
깨달음은
나 자신과 삶의 발견이데.

피부 미용에 대하여

속과 겉이 달라도
보이지 않는 것은 없다
아름다움은 누구나의 특권이고
누구나의 깨달음이다

세상 살아가는 데
더러 빈 곳 있다면 빈자리 자리
아름다움으로 채우고
마른 갈잎 바람에 흩날려도
책과 함께 떠나는 여행
스스로 부푼 가슴 넉넉해질 때
우리 모두
일어서서 풍요를 구가한다

우연히 마주친 시 한 구절로
얼굴 환한 미소 뒤에
생기 스며드는 윤기가 흐른다.

천년 솔바람

홀로 푸르름
하늘에 닿을까
뿌리 깊은 관솔에도
일월의 무늬가 진다

차가운 바람서리
이겨내고
바위의 무게로 서서
천년 세월이 가고
또 천년이 와도
바람 스치는 예나 이제나

솔솔 솔바람
한 숨결 그대로
우리의 기상일래
저 청청 하늘만큼이나
솔, 솔향기 드높다.

장날

열 집 남짓하던 시골 오지 마을
하나 둘씩 모두 떠나고 허씨 일가만 남아
조석으로 굴뚝에 연기 피어올리고

허씨, 읍내 장날이면 사람 구경할 겸
장에 가는데 어쩌다 친한 친구 만나면
국밥에 막걸리 사발 놓고 정담 나눌세

아직은 강냉이 뻥튀기 소리는 들려도
대장간의 토닥이는 망치 소리는 간곳없고
상인들의 흥겨운 목청도 쫄아들었다

예전 같지 않은 오일장 사라져가는 것들
뭔갈 잃어버린 것 같은 아쉬움이구나
고향의 훈훈한 정, 축제는 끝나는가.

거진항(巨津港)에서

무더운 여름날 우리는
땀을 뻘뻘 흘리며 부두엘 갔다

부두는 시뻘건 녹물 같은 것을
바다로 흘려보내고 있었다
녹물은 왠지 자꾸만 흘러내리고 있었다
그리고 역한 냄새
한 줄금 소나기가 지난 뒤 냄새는 더해갔다

부두 아래 바닷물은
먹물만큼이나 검고 더럽다
몰려온 아이들은 낚시질을 하고 있었다
어부의 아들들은 환호하며
고등어 새끼를 낚아 올리고 있었다
못 먹을 물고기를 그저 재미로 잡는단다

우리는 눈을 돌려 아무 말 없이
하늘의 흰 구름을 올려다보았다.

부부란

세상을
어느 누가 고해라 했던가
그들은 일상을 불만으로 살다가
불만만을 가지고 가더라

따뜻한 세상은 어디에 있을까
작은 것에도 만족할 줄 아는 삶
그것 아니던가

긍정적인 사고가
즐거운 일상일 터
부부란
서로 맞추어가며 사는 것
서로 닮아가는 부부가 있다면
참으로 행복한 사람들이다.

자유, 무엇인가

작가 니코스 카잔차키스*는
실재 인물 '조르바'를 통해
자유를 확인하려 했다

인간적인 너무나 인간적인 인간
진정 삶다운 삶
그 초극에 이른다면
답을 어찌 낼까 나는 아직 몰라

카잔차키스 기념관 앞의
표석(標石)에 남긴 말 한마디
'나는 더 이상 바랄 것이 없다
나는 아무 것도 두려울 게 없다.'

* 카잔차키스 : 소설 『그리스인 조르바』를 쓴 그리스의 작가.

잡초

독자가 외면하는 시
무슨 소용이 있으랴
같은 시인이 봐도 무슨 말인지
도모지 알아볼 수가 없고
또 한 권을 다 읽어 봐도
알맹이 없는 쭉정이뿐

묵정밭에 빼곡히 돋아난 잡초
제멋대로 자라 무성하고
계절 바뀌니 쓸모없는
개망초 꽃만 어지럽게 피더라.

아버지의 성(城)

아버지
지난 토요일 밤엔 모처럼만에
종로 거리를 나가보았습니다
그처럼 눈부시고 현란한 불야성이
거기 있을 줄은 미처 몰랐습니다
거리는 생기발랄하고도 요란한 젊음이
철철 넘쳐나고 있었습니다

아버지
세상 많이 변하였습니다
아버지처럼 밤낮없이 죽기 살기로
일하던 시대는 지났습니다
지금 젊은이들은 오늘을 실컷 즐기며
내일은 생각지 않는 것 같은 걸요

아버지, 저들은 모릅니다
아버지가 겪으셨던 전쟁의 아픔과
눈물 나게 배고팠던 보릿고개를
허리띠 졸라매고 땀 흘려 지금만큼
먹고살게 해놓은 기적의 신화를

저도 나이 사십이 넘어
IMF의 시련을 당해 보고서야 조금은
아버지를 이해할 것 같았습니다
그래도 저들이 언젠가는
자신이 딛고 있는 땅의 소중함을
알게 될 것입니다 아버지!

철부지

개나리, 동백,
목련, 벚꽃을 놓고
꽃보다 잎이 먼저 피는 것
하나만 고르라는 청소년 퀴즈
어처구니없게도 오답이라니
24절기 외우기는 더욱 깜깜이겠지
달을 중심으로 만든 달력도
왜 필요한지는 알아둘 일이다
꽃이 피고 지는 일도
더러는 눈여겨볼 일이다
세월도 가는 줄 모르는 게
철부지 아니던가.

흔적

광활한 땅 거침없이
달리던 말발굽 소리
그 누가 지우려는가

말달리던 억센 사내들
선연히 흘린 핏자국
그 누가 지우려는가

순리 거스르려는 역풍
그날을 흐리어 놓아도
바람으로 흩어지리니

진실은 땅속에 묻혀도
다시 나와 소리친다
역사는 미래의 숨결.

금강에 백제의 물빛이

어린 시절 나는 금강 철교 밑의 강변을
수도 없이 오르락내리락하며 자랐다

백사장은 눈이 부시도록 희었고
강물은 강 깊이만큼이나 오묘한 옥색 빛이어서
그것을 나는 백제의 물빛이라 생각했다

이른 아침 어부가 낚아 올린 고기 바구니에서
껌뻑이는 '천잉어'*의 눈알 속에 뭉싯거리는
흰 구름을 나는 백제의 구름으로 알았었다

백제는 그렇게 금강 하류의 '곰나루'* 어디쯤에
아련한 잔영 드러내고 있을 거라고만 믿었었다

누가 천잉어를 보았는가
이제 금강에만 산다던 천잉어를 본 사람은 아무도 없다
이제는 금강 물에서 색깔 깊은 옥색 빛도 건질 수가 없다네
강둑에는 이 가을 코스모스만이
홀로 피어 하늘거리고 있다.

* 천잉어 : 공주 지방의 금강에서만 서식하던 물고기의 일종이었으나 현재는 멸종되어 없음.
* 곰나루 : 공주의 옛 이름. 고마나루는 그 동의어.

상통하달(上通下達)

천 원권 지폐의 인물상(人物像)
일상 쓰는 돈처럼 그를 기리라 했네

성리학(性理學)을 완성한 우리의 학자
세계가 퇴계(退溪)의 동양 철학 연구에
열중하고 있는 판국

오늘날에도 그처럼
상통천문(上通天文)
하달지리(下達地理) 하는
시인 나왔으면 하고 공상해 보네.

소라 껍데기

내 책장 위에는
소라 껍데기 몇 개
주어다가 늘어놓았다

아내는
너절하다며
모두 내다 버리란다

그래도 나는
소라 껍데기를 보면
때때로 소라만이 듣는
파도 소리 아련하고
잠시나마 떠오르는
추억의 바다가
가슴을 촉촉이 적셔준다.

세모

눈 오는 날
귀갓길
발걸음이 바쁘다

흐르는 시간에도
마디가 있던가
한 해의 마감은
아쉬움이 남는다

잊고 싶은
지난 이야기들
덮어버리려는 눈송이
땅 위에 가득 내린다
소리도 없이.

그대 머문 자리

청소년들이예
아무 디나
침 좀 뱉지 맙시데이

아름다운 사람은
머문 자리도 아름답다칸 말
몬 들어 봤능교

진정 그대를 위하여
어른들은 땀 흘려
만들어 놓은 쉼터라카이

오늘이 힘들지라도
더불어 사는 삶을 위해
다 함께 고민합시데이.

바람

바람이었다
가깝고도 먼 나라 일본에서 한국 붐의 열풍이
일어나리라곤 미처 예상하지 못했던 일이었다

일본의 〈아사히신문〉에 의해
한국 탤런트 배용준의 애칭 '욘사마' 가
그해 일본 최고의 유행어로 선정된 다음

'욘사마' 나라에서 배용준의 사진전이 있기 전야
일본 여성 칠백여 명이 날아와 법석을 떨고
그가 일본 갔을 땐 육천여 명이 나와 아우성치는 바람에
하네다 공항이 마비되었더란다

그 후에도 '한류(韓流)' 의 바람은 식을 줄 모르고
NHK에서 '한류 특집' 을 하루 종일 여덟 시간이나
생중계하다니 그도 미처 예상치 못했던 일이었다

일본 열도를 그렇게 뒤흔들어 놓은 것은
한 편의 한국 드라마 '겨울 연가' 였다네
진실한 사랑 이야기였다네.

쓰나미*

세상에 이런 일이 있을까
이름조차 생소한 쓰나미

바다가 노하면
파도가 성나면
육지도 쓸어버릴 수 있구나

인도양 바다가
뒤집히었는가
남아시아 여러 나라들
물벼락에 떨었지

스마트라 섬
물속 지각의 흔들림이었는데
스리랑카
인도가 수마(水魔)에 할퀴고
말레이시아
태국도 상처입고 돌아앉았다.

* 쓰나미 : 일어로 된 기상 용어로서 바다 밑의 지진성 해일.

삼불(三不)

일본의 도쇼궁(東照宮)에 걸려 있는
산자루(三猿) 원숭이 조각
세 마리의 원숭이가 각각 귀와 입,
눈을 막고 있어 바라보노라면

귀머거리 삼 년, 벙어리 삼 년 돼야 했다는
옛 조선시대 여인들 시집살이 연상되고

불필요한 일은 거들떠보지 말고
듣지도 말하지도 말라는 처세술, 때로는
문명과 문화를 넘어 오늘에도 취할 바 아니던가.

명상과 초월의 에스프리 그리고 소요(逍遙)의 미학

– 박일동의 시 세계 –

채수영(시인 · 문학평론가)

1. 프롤로그 — 시의 숲에 들리는 소리

시는 언어의 소리가 아니라 사물의 획득이다. 그 사물은 언어와 일체화를 이룰 때 시인은 단지 언어의 매개자로서 기능을 수행한다. 때문에 '언어는 존재의 집' 이라는 하이데거의 말은 결국 사물과 이미지의 연관을 일체화 – 이를 이루기 위해서 시인은 접신(接神)의 경지를 찾아가는 고행의 모습으로 남게 된다. 또한 시는 철학이고, 철학을 수용하는 큰 그릇이 될 수 있다. 시는 인간의 정서를 가장 함축적이고 간결한 언어로 내포하는 속성 때문에 영원한 미지이면서 구체적인 이미지로 나타나는 존재물이 될 수 있는 조건을 갖고 있다. 시인은 지정된 의자에 앉는 사람이 아니라 부재한 곳에 존재를 심어 놓고 표연히 사라지는 신기루의 주재자 – 영원한 자유인의 방랑을 수행하는 고행자의 모습일 것이다.

그렇다면 시는 무엇인가? 시는 젊음의 중심에서 건져 올린 싱싱한 대상일 뿐만 아니라 노년의 원숙한 경지를 압축하는 철학의 언어로, 양면성 혹은 다양성을 함축하는 이름일 것이다. 아마도 희곡 작가가 노년에 들어 시로 그의 사상을 말하는 의도는 말에 대한 회의 혹은 극적인 묘미의 함축적 시의 표현 - 그의 시는 그런 도정(道程)을 거친 원숙한 표정이 감지된다.

언어로 손짓하는 시인의 의중은 형식만 다를 뿐 고도의 신중성을 가미한 형태로 나타나 있고, 시의 표정엔 삶의 압축이 궁극에 이르고 있음을 느낄 수 있다. 왜냐하면 인생을 회고하는 나이에 이르면 모든 것이 하나로 통합되는 이치에 닿기 때문이다. 굳이 소설이나 희곡 혹은 수필로 분류하는 것이 아니라 하나로 통합된 속에서 의도가 드러날 수 있는 경지 - 원숙한 경지는 이를 두고 하는 말이다. 그것도 췌사(贅辭)를 변명으로 일삼는 것이 아니라 단순하고 명료한 기호로 압축하는 점에서 시는 가장 합당한 표현의 방편일 것이다. 원숙한 경지의 박일동에게 시가 두드러진 이유가 여기에 있다.

2. 길에서 길 찾기의 고행은 멈추지 않는다

수행자의 종점은 있는가? 이 물음에 해답은 없다는 데서 논지가 출발한다. 영원한 길이 설정되었고, 그것은 끝이 시작이면서 시작이 다시 영원성과 이어질 때 의미를 갖는다. 가령 인생을 깊이 살아왔다는 사람에게 종점을 보았는가라는 말은, 인생을 아직 살지 않았음을 증명하는 길을 제시하라는 뜻과 같을지 모른다. 때문에 길은 다만 길이 되면서 추상적인 영원성의 단계로 진입하게 된다.

「일출(日出)」, 「구치(驅馳)」, 「길 · 8~12」 등은 길이 시인의 정서를 표출하고 있다. 물론 길의 의미는 단순히 왕래하는 통행의 의미가 아니라 철학으로 승화된 개념일 때, 삶의 요소와 명상이 용해된 상징으로 나타난다.

해 뜰 무렵
어둠이 채 가시기 전
아직
길은 보이지 않는다

어디로 갈까
우리는
가는 것이 아니라
쫓기는 것인지도 몰라

어디든 가야 한다
정지는 괴로운 것
가자
우리는 뛰어야 한다

저어기
해가 솟아오른다
앗! 순간이다
드디어 쨍한 햇살!
햇살을 향해 가자
또
시작인 것이다.

—「일출(日出)」 전문

길은 해와 더불어 열린다. 왜냐하면 햇살의 밝음이 있어야 길은 보이기 때문이다. 길은 다만 마음에 있을 뿐, 실제로 길은 어디에도 없고 또 어디에서나 발견할 수 있는 개념인 것이다. 인간의 발길이 시작하면 길이 만들어지기 때문에 있고 없음이 모두 한 가지에 내포된 의미 – 인간은 이 길에서 벗어날 수 없는 운명을 만들어야 한다.

어둠에서는 길이 잠들고 햇살에서 비로소 길이 시작을 알리는 방편이 될 때 – '보이지 않음' 에서 다시 '쫓기는 것' 과 '뛰어야' 하는 운명적인 것들을 정리하고, 그 후 다시 햇살이 '쨍할' 때 '또' 시작을 알리는 길이 열린다. 굳이 부사 '또' 를 개입한 이유는 반복의 길이 모든 인간에 적용되는 점에서 예외가 없기 때문이다.

순간에 해가 솟아오르고 또 순간에 자취를 감추는 일이 반복되면서 보이지 않는 길을 찾아 헤매고 또 쫓기면서, 뛰어야 하는 숙명적인 현상을 맞기도 하고 또 벗어나기도 한다. 그러면서 다시 새로운 일상이 순식간에 찾아와 기다림을 심는 일은 삶의 순환이고 질서의 이름에 포함된다. 이런 궤적(軌跡)에서 벗어날 수 없다는 명제, 그렇기 때문에 어떻게 살아야 바른 길을 확보하고 갈 수 있는가 하는 선택이 다가온다. 박일동은 이런 질서의 궤적을 바라보는 명상의 눈빛이 형형(炯炯)하다.

3. 희망 찾기의 언덕에 오르기 위해

절망은 희망보다 오히려 더 가벼울 수 있다. 왜냐하면 절망의 깊이를 지나면 희망의 길은 쉽게 그리고 확실하게 다가올 수 있기 때문이다. 절망은 누구에게나 다가오는 그림자이지만 희망은 선택적으로 분류되는 이름이고 찾아가는 일이 가파를 수 있기에, 절망은 오히려 희망의 앞자리를 만들어주는 역할을 한다.

그러나 돌아가고 또 피하고 싶은 이름이 절망인 것은 사실이다. 사는 일에 절망과 아픔이 피할 수 없는 그림자라면 희망보다 절망 앞에 겸손해야 할 이유가 존재한다. 다시 말해서 절망의 숲에서 희망을 찾는 일은 삶의 현상에 밀접한 이유가 될 수 있기 때문이다. 모든 시는 그런 호소에 귀를 기울인다.

오늘의 기상
흐리어도

태양은 다시
떠오른다.

—「구치(驅馳)」 중에서

흐림에서 밝음을 지향하는 것은 건강한 이름일 뿐만 아니라 생의 체온을 더욱 따스하게 만들 수 있는 여지가 있다. 오늘의 기상도는 비록 흐리지만 내일의 태양이 떠오를 것으로 확신하는 시인의 마음에서 절망이 스스로 희망에게 자리를 물려주는 길이 열린다. 이런 발상은 삶의 모습을 긍정의 눈으로 바라보는 태도에서 기인한다. 부정을 앞세운 것과는 달리 긍정이 켜를 쌓으면서 인품을 만드는 것은 사고의 유연성으로 설명할 수 있기 때문이다. 박일동의 시적 정서는 이런 기조(基調) 위에서 인생을 일구어가는 순박성이 두드러진다.

절망은 바닥이 있다. 생의 모든 조건을 포기한 노숙자의 모습은 절망의 심연에서 희망을 필요로 하는 사람 – 눈여기면 삶의 길이 보이지만 길을 찾으려는 발심(發心)이 없을 때 길은 닫혀진 암담함이 될 것 – 여기에 좌초된 사람이 노숙자일 것이다.

밤마다 두더지 같은 삶
지하도의 콘크리트 바닥이 차다

시린 몸을 녹일

방이 어디 있겠는가
문은 닫혀 있다
들어갈 만한 문은 모두 닫혀 있다

길 없는 길 꿈속에서도
출구 밖을 나서면
오가는 건각(健脚)들이 바쁘고
휘황찬란한 불빛이 눈부시다

—「노숙자」 중에서

거처가 없는 사람의 슬픔은 노숙자의 잠자리인 콘크리트 바닥의 냉기에서 느껴질 것이다. 춥다는 의식은 곧 생의 온기를 상실한 의미일 뿐만 아니라 절망의 수위가 한계에 이르렀음을 확인하는 일이기 때문에 마비의 체온으로 돌아간다. 그러나 '처음부터 길이 없었던 것은 아니다'의 설교를 들으면 노숙자의 운명은 스스로의 잘못이 남겨진 자학의 행위라는 의미가 앞선다. 무언가 판단의 부적격이거나 생의 의미를 낮춘 자의 업보로 돌아갈 수 있기 때문이다. 이를 벗어나는 조건은 '출구 밖을 나서면' 보이는 햇살과 건각의 발길에 참여하는 의지가 있어야 한다는 것이다.

적어도 자발적으로 생의 의미를 깨우치려는 각오가 있다면 건각의 대열에 참여하며 함께하려는 자발성이 있을 것이고, 이때 비로소 출구 밖의 햇살은 따스한 체온으로 자기애를 발휘할 수 있을 것이다. 이는 항상, 누구에게나 필요조건으로 작용한다는 점에서 희망은 절망의 반대편이 아니라 오히려 희망을 향하는 신념이 있어야 한다는 역설이 성립된다.

4. 변화를 향하는 마음은 어디에 있는가

시의 어조는 의미와 감정 그리고 의도와 더불어 시의 총체적인 의미를 형성하는 시적 의미라고 I. A. Richards는 말했다. 여기엔 시인의 개성과 태도가 나타난다. 여기서 태도(Attitude)는 아직도 행동으로 나타나지 않은 충동을 뜻하면서 예비적인 가능성을 뜻한다. 딱딱한, 부드러운, 거만한 혹은 냉정적, 직선적 등의 예비된 명칭들은 언젠가 나올 수 있는 출구를 향하고 있지만 시의 분위기에 따라 어떤 명칭으로 나타날 것인가는 시인의 정서 상태와 밀접성을 유지하게 된다. 시의 의미는 어조(tone)에 의해 지배되기 때문이다.

박일동의 시의 어조는 항상 겸손 그리고 명상하는 자세로 다가들면서 정적(靜的)인 무드를 지향한다. 이는 그의 사람됨을 의미하는 또 다른 증거를 시의 어조로 확인하는 셈이다. 일상의 대면이 어떤 모습으로 진행되는가를 시의 표정으로 연출하기 때문이다.

은행잎은 모두
노랑나비가 된다

나비는
바람에 흔들리다가
바람을 타고 춤춘다

그들의 군무(群舞)
소슬바람에도
겨울 소나타인 양
쓸쓸하지 않다

대지가
노랑색 깔고 누우면
우리는 낙엽 위에
추억을 밟는다.

—「입동(立冬)」 전문

변화는 자연의 이치이고 사람은 이 이치를 따라 순종하면서 사는 것이 정도(正道)이다. 그러나 자연이 변하고 인간도 이에 따라 어떻게 적응하면서 변화하는가는 곧 진리에 순응하는 모습이 될 수밖에 없다.

변화의 급격함에서는 혁명적인 이방성을 느낀다면 완만한 변화에서는 오히려 친근미를 유발하는 속성을 갖고 있다. 때문에 기대 심리를 발동하면서 다음 장면을 기대하는 것이 인간사의 이치일 것이다. 다시 말해서 변화를 기다리는 심정이 있기 때문에 기대는 곧 변화를 수용하는 장면을 생산하게 된다.

박일동의 시는 변화가 섬세하고 부드럽다. '추억'의 장면을 이루기 위해 '은행잎'의 정관적인 대상이 '나비'로 다시 살아나는 물활적인 변화를 수용한다. 더구나 노란색이 다시 노란색의 움직임을 동반하면서 '춤춘다'와 '소슬바람' 속에서도 '쓸쓸하지 않다'라는 체온을 공유하게 된다. 이런 풍경이 펼쳐지면 고독을 읊조릴 일이지만 오히려 포근한 감수성을 동원하여 낙엽 위에 '우리'는 추억을 지니는 풍성하고 아름다움을 갖게 되는 변화에 적응한다. 이런 정서는 변화에서 이방성이 아닌 친근미로 자연스레 접촉하게 됨을 뜻한다. 비록 추운 입동의 계절 감각일지라도 추억의 아늑함을 찾아나서는 일은 그만큼 삶에 대한 긍정적인 품성을 시로 보여주는 이유일 것 같다.

변화는 시간을 소유한다. 그것도 장구한 시간의 톱니바퀴에서는 유장하고 깊은 속살을 만날 수 있는 향기가 소재한다.

홀로 푸르름
하늘에 닿을까
뿌리 깊은 관솔에도
일월의 무늬가 진다

차가운 바람서리
이겨내고
바위의 무게로 서서
천년 세월이 가고

또 천년이 와도
바람 스치는 예나 이제나

솔솔 솔바람
한 숨결 그대로
우리의 기상일래
저 청청 하늘만큼이나
솔, 솔향기 드높다.

—「천년 솔바람」 전문

푸름과 하늘이 등가(等價)를 이루면서 시원한 정경을 도입하고, 여기에 유장한 시간이 천년의 둔덕을 이루면서 살아온 사람들의 체취가 하늘과 교감을 이루고 솔바람 향기가 후각을 깨우친다. 이런 기교는 시에 스며 있는 언어 탄력을 수반하며 향기가 세상을 감싸는 보살행의 풍경화와 인간의 호흡이 오버랩 된다. 즉, 푸른 하늘의 시각에 시원함과 깊고 고아한 솔향이 어우러지면서 숨결로 용해되는 결말은 공감각적인 상징으로 승화된다. 시가 사물과 사물의 비유를 결합하여 전혀 다른 이미지의 새로움을 잉태할 때, 시인의 품성이 거기에 스며들고 다시 독자의 뇌리를 점령하는 감동을 수반한다고 본다면, 박일동의 시는 천년을 살아온 소나무 향기와 같은 고아(古雅)와 투명이 어우러진 스펙터클 - 크고 웅장함이 아니라 친근함으로 다가오는 포근한 인정미와 같다.

5. 아버지, 그 깊이에 대한 그리움

아버지는 깊이에서 다가오고 어머니는 정에서 끌린다. 이 둘의 요소는 인간의 정감을 장악하는 위대한 힘을 혹은 삶의 에너지를 전달하는 이름일 것이다. 설혹 무심한 아버지의 표정일지라도 스미듯 다가오는 정감이 때로 출렁이는 파도의 이름으로 위압하기도 하고, 때로는 파문을 일으키어 반짝이는 가을날 하늘의 구름일 수도 있을 것이다. 어느 것이든 아버지의 깊이는 곤곤(滾滾)하게 흐르는 유장함으로 의식을 점령하는 특성이 있다.

부모의 정은 부재(不在) 시에 더욱 간절함으로 다가든다. 이는 갈증 현상이고 생의 고독을 위호(衛護)하려는 본질에 대한 갈망일 수도 있다. 인간에게서 에너지를 추동(推動)할 수 있는 근거는 고독에서 부모를 회억하게 된다는 데 있다. 이는 부재에서 부모의 정이 크게 다가오는 이유로 작용한다는 뜻이다.

그리움의 공간과 시간은 항상 비례한다. 다시 말해서 상당한 시간의 경과 뒤에는 부모에 대한 기억이 더욱 간절(懇切)성으로 큰 공간으로 일렁이고 시간의 짧음에서는 비교적 약한 속성을 나타낸다. 박일동의 나이 – 이미 노년의 깊이에서 아버지를 추억하는 것은 그만큼 삶의 공간을 돌아보는 고독의 또 다른 키 맞춤으로 보인다. 이는 현실에 대한 위안이고 현실을 수용하는 슬픈 표정일 수 있다. 노년의 슬픔은 그렇게 말없이 다가와 회고와 추억의 문을 넓게 하기 때문이다.

'십승지지' 어디인가
근심 걱정도 질병이나 전쟁도 없는
영원히 평화스러운 땅이
그 안에 있는 것으로
정감록(鄭鑑錄)은 예언하고 있었다

사서삼경(四書三經)을 통달하여
한학이 높으셨던 아버지는
난해하기 짝이 없는 정감록을 풀어
난세의 길잡이로 삼고 믿으셨다

(중략)

정녕 '십승지지'는 있는 것일까
세기가 바뀌고 세대가 바뀌인
현재는 더더욱 막연하기만 한 것이었다
그렇지만 내가 타향에 살면서도
고향을 잃지 않고 있는 것은
그토록 아버지가 꿈꾸어 오신
'십승지지'가 잊혀지지 않기 때문이다.

—「십승지지(十勝之地)」중에서

이른바 낙원을 예언한 계룡산 어느 지점을 믿고 온

가족을 이끌고 공주 땅으로 이주한 아버지의 흔적을 잊지 못하는 것, 고향에 대한 회고의 마음이 교차하고 있다. 낙원 사상은 어렵고 신산(辛酸)한 고통이 파동칠 때 기승을 부리는 특징에서 유토피아의 추구 - 일종의 도피 심리를 뜻한다. 더구나 피폐한 일제 치하에 이 예언서는 상당한 파급력으로 전파되었고 계룡산은 그런 도읍으로 상상력을 부추겼던 지명이다.

근심도, 걱정도, 질병도, 전쟁도 없는 낙원의 이름은 어디에서도 나타나지 않는다. 다만 위안의 상상을 제공함으로 필요를 충족하는 셈이다. 그러나 아버지의 뜻을 소년기를 넘어 아들이 노년이 될 무렵 간파할 수 있었다는 고백은 아버지의 사고를 따라가려는 의도를 암시한다. 아버지와 자식과의 이해의 간격이 젊은 날에는 넓어 이해할 수 없지만 나이가 들어가면 아버지를 이해하게 되는 그리움이 비단 시인만의 현상은 아닐지라도 시인에게 돌아보는 마음이 쓸쓸하다. 이는 시인의 나이에서 오는 회고와 여기에 따라오는 추억이 가슴을 저미는 삶에의 동일성일 것 같다. 「십승지지(十勝之地)」의 공간은 이미 상상으로 충분한 효력을 이룩했기 때문에 추억으로 장면을 넘기는 기능일 뿐이지만…….

6. 순수미의 슬픔과 고독

슬픔을 유발하는 것은 여러 요인이 있을 것이다. 그러나 순수미가 슬픔으로 화하는 것은 투명하고 깨끗

함에 동화된 감정 이입의 심리적인 설명이 가능하다. 순수는 나약함과는 다르다. 오히려 강인함을 내장하였기 때문에 연약함으로 드러나는 표정일 뿐이다. 이는 가장(假裝)이 아니라 본성을 항심으로 가지고 있다는 뜻이다. 겨울의 혹독함을 인내하고 봄날에 싹으로 돋아 나오는 잎새는 부드러운 속성을 안으로 갖고 있음과 같다.

아름다움은 동화된다. 한 줄의 시에 눈물 흘리는 마음은 순수의 절정을 뜻한다. 그런 상상을 시화하는 박일동의 마음은 맑은 산골 물소리처럼 청아하다.

시를 읽는 여인은 아름답다
미처 몰랐던 삶의 이야기들
환하게 꽃잎 되어 흩날리고
피어오르는 문학 향기일래
오래이게 가슴 뿌듯한 여운

(중략)

시를 쓰는 여인은 아름답다
사람 살아가는 실재와 깨달음
구절구절 언어를 절제하고
속으로 흐르는 리듬을 고르며
고운 마음씨 담아내는 서정.

—「무엇으로 아름다워지련」 중에서

시를 읽는 여인의 마음은 지고지순(至高至純)이 결정화된 모습일 것이다. 아름다움은 꽃이 아니라 꽃과 같은 향기를 가질 때 매력적인 모습이 될 수 있다. 이런 감동은 오랫동안 잔상(殘像)을 남기면서 여운이 메아리로 남는다. 삶의 이야기가 꽃잎으로 흩날리고 문학의 향기에 취할 때 아름다움은 지성미의 일단으로 작용하면서 가슴을 채우게 된다.

이런 정서를 고귀하게 생각한 박 시인의 마음속에서 시는 곧 미적인 대상으로 상상력의 저변을 확장하게 된다. 3연에서는 시를 쓰는 여인의 아름다움을 칭찬한다. 절제의 언어로 미의 성을 쌓아 올리는 모습은 곧 고운 마음을 풀어내고 시심을 노래로 풀어내는 것과 같기 때문이다.

가을에 봄을 꿈꾼다
먼 산 트인 청명이
아지랑이로 어른거린다

선들바람 앞에 나래 펴는
수많은 나비들 노랑나비들
떼 지어 춤추고 대지에 눕는다

나무는 일 년 중
가장 아름다운 모습을 보여주고
그렇게 옷을 벗는다.

—「은행잎」 전문

가을을 채색하는 은행잎이 봄의 시간 속으로 다가와 순수미를 연상하게 한다. 다시 말해서 '청명'의 하늘과 '아지랑이'의 화사한 봄날의 무드가 오버랩되면서 공간 이동의 발자국이 노랑나비의 군무(群舞)를 화려함으로 장식한다. 그러나 나무는 옷을 벗음으로부터 아름다움을 불러오는 이미지가 강화된다. 이런 정서는 시인의 뇌리 속에 은행잎의 이미지가 순수와 질박한 투명의 정서를 자극하고 그러한 시는 곧 시인의 품성에서 나오는 발성(發聲) 같다. 시적 표현은 결국 낯설게 하기의 기법이 비유의 절차로 나타나지만 고백이라는 스스로의 문제를 외면할 수는 없기 때문이다.

깨끗한 은행잎에서 봄날의 화사함을 연상하고 또 옷을 벗는 순수의 눈부신 상상은 시인의 마음에 들어 있는 정서가 날개를 달고 시심으로 솟아오르는 기쁨 – 시의 모습이 그렇게 연상된다.

7. 역사를 관조하는 눈

살아 있는 사람은 역사의 일부이다. 다시 말해서 역사는 살아 있는 자를 위한 기술이고 살아온 자에 대한 서술이다. 이런 상관은 결국 전통이라는 긴 줄에 묶여 있는 존재의 모습이 일목요연하게 풀려나오는 줄 – 역사란 그런 비유일 것이다. 단절이 아니고 승계이거나 연결된 것 속에서의 개인이 될 때 역사의 개념은 승화된 전통으로 나와 관계가 설정된다. 때문에 역사에 대한 발언은 바로 나로 돌아오는 말이고 나로 향하는 말이다.

시로 역사를 말하는 것은 나를 말하는 일이 된다. 나는 곧 흔적을 남기는 일로 생이 시작되고 이 흔적은 곧 역사적인 기록으로 전달되기 때문이다. '짐승들은 흔적을 남기잖는데 / 사람들은 흔적을 남긴다' 「잔해」 중에서처럼 짐승과 인간의 차이는 곧 흔적을 어떻게 남기고 또 보관하여 역사의 귀감으로 삼을 것인가의 문제로 집약된다. 인간의 지혜가 축적되는 것은 바로 역사라는 기록의 전유물에서 가능하기 때문이다. 역사에는 미와 추, 혹은 오욕과 영광의 이름이 함께 공존한다.

박일동의 관심은 자연 회고적인 특성을 가지고 있다. 일본 여행에서의 「눈 나라」 이야기나 격식화된 일본 문화를 지적하는 「일본은 없다」, 「아키타를 지나며」와 「칡넝쿨론」 등에 날카로운 시선을 고착하여 비판의 의도가 드러난다. 러시아 여행에서의 소회는 「푸슈킨의 나라」, 「바이칼 호의 꿈」, 「유정」, 「사할린 아리랑」으로 표출되어 있다.

하이쿠는 일본 땅에 뿌리내리고
이어져온 독특한 시의 형식
짧고 간결함은
일본인의 기질을 말해주는 것이기도

문학 평론가 이어령은
'축소 지향의 일본인' 이라 했지만

섬나라 안에서의 한정된 공간임에
작게 작게 움츠릴 줄 아는 그들
밖으로 나와서는
칡넝쿨이 되어 마구 뻗어 나가기도

칡넝쿨은
이웃 나무들과 상생하지 못하고
자꾸만 휘감고 뻗어 나가려는 방종
우리가 몇 차례나 당한 역사이기도.

—「칡넝쿨론(論)」 전문

일본인의 특성은 자기 것이 없고 타인의 것을 자기화하는 변형의 천재들이라는 점이다. 미국의 투박하고 큰 제니스 라디오를 수입하여 트랜지스터를 만들어 팔아먹은 기술이나 미국의 덩치 큰 자동차를 작고 아담하게 만들어 돌풍을 일으키는 자동차 산업. 이들을 위시하여 겨우 5·7·5의 하이쿠 17자를 세계적인 문학인 양 변형한 그들의 대표적인 시 - 우리의 시조는 45자 내외의 적당한 호흡의 문학이지만 변변한 이론이 없이 작가론에 한정하는 실정은 분명 일본과 비교할 수 없는 현상이다.

우리가 자원이 없어서가 아니라 발굴하고 키우는 안목의 부재라면 박일동은 칡넝쿨과 일본을 비교하여 그들의 침략성을 비판한다. 공생의 식물이 아니라 자기만의 영토로 화하는 근성의 칡은 분명 제거(除去)

해야 할 식물이다. 우리는 순진하게도 몇 번의 침략을 당한 경험이 있지만 여전히 일본인의 기질에 당하는 현상을 역사 속에서 교훈으로 삼아야 한다는 강조에 이른다.

해방이 되었다지만
장막에 가려진 세월
고려인으로 남아
가도 오도 못하고

잃어버린 세월
한 많은 가슴
그리움으로 남아
풀뿌리로 돋아난
사할린 아리랑

끝내 기다리다가
체념하고도 못 잊는
고향 땅 그리워
아리랑 아리랑
아리 아리 아리랑.

—「사할린 아리랑」 전문

민족의 비운을 겪었던 시절의 흔적이 여전히 풀어내지 못한 숙제로 남아 있는 가락이다. 조국을 찾고

자 풍찬노숙을 한 독립운동가들의 후예였거나 아니면 일본의 압제에 내쫓긴 징용이나 방랑의 슬픔으로 옷을 입은 우리 백성 – 그들이 살고 있는 사할린은 애환의 아픔이 얽혀 있지만 위로의 말로 지나가기엔 비극적인 현상임이 분명하다. '가도 오도 못하고' 의 상황 – 고려인의 후예이지만 정작 혜택을 받지 못하는 아니면 러시아의 백성으로도 낯선 삶의 아픔이 있을 뿐이다. 이를 노래하는 박일동의 가슴에서 민족의 한(恨)이 슬픔의 가락 속에 담겨 망연한 숙제를 던져주는 아픔의 메시지가 우리에게 서럽게 돌아온다.

8. 에필로그 – 시, 소요의 미학적 음미

시는 인간의 의식을 시화(詩化)하는 데서 출발한다. 물론 시의 이름이 나오기까지는 시인의 의식에서 기점을 마련하고 대상에 이르면 감흥이 나오고 이를 다시 시적 장치로 변화할 수 있기까지 시인의 몫은 그렇게 집중된다. 결국 시가 시인의 감수성과 사물이 어떻게 하나로 융합하는가의 기교적인 문제로 축약될 수 있을 것이라면, 여기서 시인의 경험이나 품성 혹은 삶의 다양한 대응은 시로 녹아들게 된다.

경험이라는 층이 시인의 상상력의 도움을 받아 새롭게 꽃으로 피어날 때 독자는 감동의 또 다른 산물을 잉태하게 될 수 있다. 여기서 시는 단순한 전달의 의미를 넘어 다채성(多彩性)의 세계를 조립하게 된다. 시의 세계가 아름답고 때로는 냉혹한 풍경 – 여기서 시는 인간의 정서를 고양할 수 있는 경지를 넓혀 준다.

박일동의 시는 사는 일을 길로 유추했고 이를 통해서 내일의 지평을 희망으로 채우는 메시지를 접하게 된다. 이는 시적인 의장(意匠)의 기교까지도 미적인 초점을 일탈함이 없이 평이한 손짓으로 전달된다.

변화는 살아 있는 인간에게는 필연적인 일이고 또 변화 앞에 인간이 자기를 발견하는 지혜를 발동하게 된다면 박일동의 시는 오늘과 내일 그리고 먼 미래를 향하는 길을 제시하는 시적인 장치로 대답한다. 이런 메아리는 명상과 사물이 결합할 때 확산되는 언어의 미학과 결부된다. 여기서 순수미가 대두될 뿐만 아니라 역사 의식조차도 시적인 가치로 승화되는 넓은 길을 인도하는 안목이 두드러지게 된다. 독자는 다만 그의 시를 읽고 감동의 숲에 들어가 호흡하면 기쁨을 얻을 수 있을 것이다. 이것이 박일동의 시에서 느끼는 소요(逍遙)의 미학일 것이다.

문학세계대표작가선 486

무엇으로 아름다워지련

박일동 시집

인쇄 1판 1쇄　2007년 5월 25일
발행 1판 1쇄　2007년 6월　1일

지 은 이 : 박일동
펴 낸 이 : 金天雨
펴 낸 곳 : 문학세계 출판부/도서출판 天雨
등　　록 : 1992. 2. 15. 제1-1307호
주　　소 : 서울시 성동구 행당1동 196-27번지 3F
전　　화 : 02)2298-7661
팩　　스 : 02)2298-7665
http://www.moonhaknet.com
E-mail : moonhak@moonhaknet.com

값 6,000원

* 저자와의 협의에 따라 인지는 생략합니다.

ISBN 978-89-7954-332-2